Die gestohlene Nase

VON INGEBORG MEYER-REY

BELTZ
Der **Kinderbuch**Verlag

Am Ende des Dorfes stand ein Haus.
Dort wohnten Karl,
Katrinchen und ihr Brüderchen Spatz.
Täglich ging der Vater in den Wald,
um dort zu arbeiten.
Der Wald begann gleich hinter dem Garten.
Da ließ es sich herrlich spielen.

Eines Tages, im Winter, als
frischer Schnee gefallen war,
bauten die Kinder
einen Schneemann.
Recht groß sollte er werden.
Karl rollte den dicken
Schneemannsbauch;
denn er war der stärkste
von den dreien.
Katrinchen
rollte die Schneemannsbrust
und der kleine Spatz
rollte den kugel-
runden Kopf. Das war
eine schwere Arbeit.

Die Mutter gab ihnen für den Schneemann eine rote Mohrrübe als Nase, zwei Backpflaumen als Augen und Vogelbeeren für den Mund. Ein alter Korb wurde sein Hut. Karl steckte ihm eine Rute in den Arm. Nun war der Schneemann fertig. Die Kinder freuten sich so, dass sie sich abends fast nicht von ihm trennen konnten.

Wie erschrocken waren
sie am nächsten
Morgen, als sie ihren
Schneemann wiedersahen. Fort war die rote Mohrrübennase,
fort waren die Backpflaumenaugen und der Vogelbeermund.
Dicke Eiszapfen hingen an den Bäckchen. Im Schnee entdeck-
ten die Kinder geheimnisvolle Spuren. Was war geschehen?
Wer hatte den Schneemann so zugerichtet?

Da kam Katrin ein guter Gedanke. Der Schneemann erhielt eine neue Nase, einen neuen Mund
und zwei neue Augen. Doch am Abend
saßen die Kinder am Fenster und passten auf.
Es dauerte auch nicht lange, da kamen
ein paar Häschen aus dem Wald gehoppelt.
Wie gern hätten sie die Mohrrübe gehabt,
aber sie konnten nicht heranreichen.
Schließlich trat, ängstlich und scheu
um sich blickend, ein Reh aus dem Wald.
Das holte sich die Mohrrübennase.

Nun wussten die Kinder,
wer die nächtlichen Diebe gewesen waren.
Aber wie hätten sie nach diesem
aufregenden Erlebnis schlafen können?
Lange noch flüsterten sie im Dunkeln.
Sie hatten sich etwas ausgedacht.
Am nächsten Morgen machten sie
den Schneemann fein.
Er bekam ein großes Brett mit Vogelfutter
vor den Bauch.
Karl ließ sich einen leeren Blumentopf,
Talg und Futterkörner geben
und bastelte einen Futtertopf für die Meisen.
Die Mutter gab ihnen Futterrüben
und einige Kohlköpfe.
Auch ein paar Kastanien,
Eicheln und Nüsse fanden die Kinder noch.

Als der Vater kam,
baute er ihnen sogar
eine Heuraufe für Rehe. –
Die Kinder jubelten.

Der Schneemann machte ein zufriedenes
und glückliches Gesicht.
Die hungrigen Tiere zu füttern, musste schön sein.
Zuerst kamen die Vögel: die Meisen, die Spatzen,
eine Amsel und sogar ein Buntspecht.
Der Schneemann lachte vor Freude.
Bald hatte es sich im Wald herumgesprochen,
dass sich beim Schneemann
alle hungrigen Tiere satt fressen könnten.

Kaum hörten die Krähen
davon, waren sie auch schon da.
Dem Schneemann wurde bange vor den
schwarzen Gesellen mit den großen Schnäbeln.
Und ehe er seine Nase festhalten konnte,
hatte die frechste Krähe sie ihm ausgerissen.
Doch die andere wollte die Mohrrübe
auch haben.

Sie stritten sich so lange,
bis der Hund Bolli kam und laut bellte.
Da ließen sie vor Schreck die Mohrrübe fallen.
Nun hatten beide nichts.
Bolli aber trug die Mohrrübe stolz nach Hause
und der Schneemann bekam seine Nase wieder.

Der Schneemann hatte sich kaum
von dem Schrecken erholt,
als drei Eichkater angesprungen kamen.
Sie spielten Fangen
– immer rund um seinen Kopf herum.
Ihm wurde ganz schwindlig.

Wenn sie mir nur die Nase   im Gesicht lassen, dachte er. Aber er behielt   die Nase, nur der Hut flog davon.

Abends, als der Mond aufging, kam die schönste Stunde für den Schneemann. Leise, leise hoppelten Hasen und Kaninchen herbei, um an Kohl und Rüben zu knabbern. Die Rehe und Rehböcke kamen und rupften mit ihren weichen Schnäuzchen an dem Heu. Alle Tiere konnten sich in Ruhe satt fressen. Nur der Uhu saß auf dem Hut des Schneemanns, mochte weder Heu noch Kohl und besah sich das lustige Treiben.

Doch am Morgen, welcher Schreck! Um die Tanne lugten
zwei gierig funkelnde Augen – der böse Fuchs war da!
Die Häschen saßen vor Angst ganz starr. Doch die Rehböcke
senkten die spitzen Geweihe. Sie waren kampfbereit. Sollte
der Fuchs nur kommen. Es würde ihm nicht gelingen, auch
nur ein Häschen zu fangen. Aufspießen würden sie ihn mit
ihren spitzen Geweihen. Und der Fuchs, der listige, böse
Räuber, bekam Angst. Er duckte sich
und schlich davon.

Der Winter ging vorüber. Von Tag zu Tag schien die Sonne wärmer und eines Tages kam das erste Schneeglöckchen hervor. Der Schneemann wurde krank und schwach. Er schwitzte in der warmen Sonne, dass ihm das Wasser über den Bauch tropfte. Die Arme, die das Futterbrett getragen hatten, sanken herab.

Er wurde kleiner und kleiner – er schmolz. Doch die Tiere waren deshalb nicht traurig. Jetzt kam der Frühling, der harte Winter war vorbei.

Nur die Kinder machten betrübte Gesichter. Spatz und Katrinchen weinten sogar. Wer sollte denn nun die Tiere füttern, wenn der Schneemann weggeschmolzen war? Sie liefen zum Vater und erzählten ihm ihren Kummer.

Da nahm der Vater Spatz auf sein Knie und sagte: „Ihr drei seid doch rechte Dummerchen! Wenn der Winter vorbei ist und der Schnee taut, brauchen die Tiere euren Schneemann nicht mehr. Der Wald hat ihnen dann wieder reichlich den Tisch gedeckt mit Gräsern und Kräutern, Knospen und junger Rinde. Wenn es noch ein bisschen wärmer geworden ist, gehen wir zusammen in den Wald und besuchen die Tiere. Dann werdet ihr sehen, wie gut es ihnen geht.“

Dieses Buch wurde im Preisausschreiben für Kinder- und Jugendliteratur 1953 mit einem 1. Preis ausgezeichnet.

Dieses Buch ist erhältlich als:
ISBN 978-3-407-77118-6 Print

© 2006 Beltz | Der KinderbuchVerlag
Beltz Verlagsgruppe GmbH & Co. KG
Werderstraße 10, 69469 Weinheim
service@beltz.de
Umschlaggestaltung und Illustration: Ingeborg Meyer-Rey
Neue Rechtschreibung
Druck und Bindung: Beltz Grafische Betriebe, Bad Langensalza
Beltz Grafische Betriebe ist ein Unternehmen mit finanziellem
Klimabeitrag (ID 15985-2104-1001).
Printed in Germany
9 10 11   27 26 25

Weitere Informationen zu unseren Autor:innen und Titeln
finden Sie unter: www.beltz.de